MÉDITATIONS

SUR

LES QUESTIONS LES PLUS INTÉRESSANTES

DE LA SITUATION ACTUELLE,

PAR

F.-V. COINZE,

Ancien agriculteur, auteur d'un ouvrage publié en 1847, intitulé :
Bases fondamentales de la bonne culture,
Membre de l'Institut historique de France, né républicain
et n'ayant jamais cessé un instant de suivre les principes de la devise
LIBERTÉ, ÉGALITÉ, FRATERNITÉ ;

EN OUTRE,

Auteur des publications ci-après, qui vont paraître incessamment :

1° L'Arbre de la liberté, ou Symbole de la légitimité du gouvernement républicain ;

2° De la république et de la preuve que l'élection légale est son soutien, et que l'élection à trois degrés est sa force et le plus sûr moyen de la conserver ;

3° De la représentation nationale ;

4° De la création des clubs dans un ordre hiérarchique, comme organisation nationale ;

5° De la représentation on organisation agricole ;

6° De l'organisation du travail, ou représentation industrielle et ouvrière, méditée, étudiée et sérieusement combinée ;

7° Principes élémentaires de la science agricole, puisés dans la marche de la nature.

PARIS, 1848.

SAINT-CLOUD. — IMPRIMERIE DE BELIN-MANDAR.

SIMPLES QUESTIONS.

Qu'est-ce qu'une révolution ?

C'est le changement de la majorité du peuple, le renversement, de son consentement, de l'ordre de chose qui existait pour lui en substituer un meilleur. Il y a donc là comparaison : or, pour comparer, il faut voir ou connaître ; et l'on ne peut se trouver dans cette position au milieu de 35 millions d'hommes que par l'élection, telle que nous la proposons, par ressorts et par degrés.

Quel est le fruit de la révolution du 24 février 1848 ?

La souveraineté du peuple.

Quel est le nom de cette souveraineté ?

La république.

Et ses prénoms ?

Liberté, égalité, fraternité.

Et sa profession ?

La légalité.

Quel est son domicile ?

La France.

Comment doit s'exercer la souveraineté du peuple ?

Par des représentants du peuple choisis par lui dans des élections libres.

Comment peut-on choisir en connaissance de cause avec une population de 35 millions d'hommes ?

Par l'élection épurative à trois degrés :

Les habitants d'une commune qui se connaissent choisissent entre eux des délégués pour aller voter au chef-lieu de canton.

Au chef-lieu de canton les délégués qui se connaissent choisissent entre eux ceux qui méritent le plus leur confiance pour les représenter au chef-lieu de département.

Au chef-lieu de département, les délégués se connaissent encore par les deux premières épurations, et ils nomment avec réflexion les députés.

On doit comprendre qu'obliger les gens de la campagne à faire un choix parmi des gens qu'ils ne connaissent pas, puisqu'ils ne les ont jamais vus ni même entendu parler d'eux, c'est rendre leur choix illusoire.

Les obliger tous à se déplacer pour se rendre au chef-lieu de canton, c'est rendre illusoire le droit qu'ils ont tous de voter, car ils ne peuvent tous se déplacer à moins de prendre une journée, de faire des dépenses ou de se soumettre aux désagréments qu'entraîne l'absence du maître.

Les élections à trois degrés obvient à tous ces inconvénients. Chacun exerce alors son droit en connaissance de cause. C'est la confiance en chaque degré qui fait toute la force quand on est arrivé au sommet.

Ce genre d'élection rend la cabale difficile, pour ne pas dire impossible. A un seul degré, au contraire, par les élections directes, l'intrigue est bien facile à qui est remuant et ambitieux. Quelquefois on peut au moment des élections, renverser par un coup de tête, toute la combinaison d'une réunion préparatoire ; mais par une élection légale, le fait de l'élection préparatoire est déjà consommé.

Il en est de même pour les élections de la garde nationale dans ses différents grades. Les chefs doivent arriver à leur grade par degrés.

De même encore pour les élections civiles des membres de conseils municipaux, qui seraient eux-mêmes chargés d'élire le maire et l'adjoint.

De même aussi des conseils d'arrondissement et du conseil général. Selon nous, les membres du conseil d'arrondissement, devraient être supprimés. Il serait établi que les délégués au chef-lieu de canton nommeraient le membre du conseil général de département. Pour eux ils délibéreraient sur les intérêts de leur canton à la place du conseil d'arrondissement.

Les sous-préfets ne devraient être considérés que comme les aides-de-camp des préfets, répartis sur divers points du département, par arrondissement.

En faisant l'élection des délégués chargés de nommer les députés, on ferait ausi l'élection des membres du conseil général dans la même réunion, pour rendre moins fréquents les déplacements. Dans chaque canton, on nommerait un membre supplémentaire du conseil général, en cas d'absence ou par empêchement d'un des membres.

On y élirait encore les membres du jury. On fait tout le monde électeur, tout le monde peut-il être juré? Beaucoup peuvent être électeurs dans leurs communes, mais ne pourraient être jurés, parce qu'ils ne comprendraient ni l'accusation, ni la défense, condition nécessaire pour prononcer.

Il est convenu et reçu par tous, du reste, qu'une assemblée de tous les électeurs ne peut avoir lieu : ils seraient tous alors députés, et comment se pourraient-ils faire entendre? L'élection à trois degrés est donc nécessaire, pour que chaque épuration produise une vé-

ritable amélioration. Alors vraiment l'élection est sen-
sée et logique, car la connaissance des électeurs entre
eux augmente à mesure de degrés.

Enfin toutes les élections, quelles qu'elles soient,
doivent se faire périodiquement, tous les trois ou tous
les cinq ans. L'important est de ne pas laisser de trop
longs intervalles ; le contraire serait nuisible aux progrès du bien ; on ne risque d'ailleurs que de réélir les
mêmes élus.

Ajoutons encore en terminant qu'un député ne doit
pas être en même temps membre du conseil général :
tout cumul doit être évité, et si chacun soulève un coin
du fardeau, il deviendra moins lourd.

Pouvoir exécutif.

On doit, selon nous, nommer trois membres du
pouvoir exécutif : un premier, un second, un troisième.
Un seul ne peut suffire à toutes les signatures ; qu'ils
se partagent donc la besogne générale, c'est-à-dire
que le premier délègue une partie de ses pouvoirs aux
deux autres. En cas d'absence, le premier délègue le
second, et, à son défaut, le troisième : ces déléga-
tions doivent être écrites et enregistrées, et, pour la
besogne, elles doivent être spécialisées. Il n'y aurait
alors en réalité qu'un président dont les deux autres seraient les adjoints.

Administration.

Les administrations ont pour chefs les ministres
dans chaque spécialité.

Le personnel de chaque ministère doit être le moins nombreux possible, et les heures de travail des bureaux doivent être assez longues pour que beaucoup de besogne se fasse.

En chaque administration il faut une hiérarchie logiquement constituée, je veux dire qu'il n'y ait aucun degré insignifiant. Que la nécessité de chaque degré soit bien constatée pour ne pas rendre l'engrenage trop lent. Ainsi, la place de receveur particulier est absolument inutile ainsi que celle des payeurs : les receveurs généraux, les percepteurs suffisent : car les fonctionnaires qui reçoivent sont obligés de rendre. Pourquoi donc ne pas verser directement où les fonds sont nécessaires et pour les motifs qui ont nécessité l'impôt.

Tout fonctionnaire d'administration est utile au service, ou il ne l'est pas. S'il est utile, qu'il fasse sa besogne exactement, et que toute inexactitude soit punie d'une amende. Tout retard est nuisible, s'il n'est pas justifié. Un maire, lui qui n'est pas salarié, s'il n'a pas envoyé à temps son répertoire au visa, est puni, et la négligence d'un salarié ne le serait pas ! Ceci n'est pas logique. Tout fonctionnaire doit donc répondre aux exigences légales des administrés, dans un délai de... affirmativement ou négativement, sous peine d'amende.

Dans les tribunaux, également, les plaidants éprouvent des retards qui les ruinent, par la faute des membres du tribunal ; toute affaire doit être jugée dans le plus court délai, sous peine de forte amende ou de destitution.

Quant à l'inamovibilité des juges, je la regarde comme un privilége et un vice même. Pourquoi un juge serait-il inamovible, quand un préfet, un sous-préfet, un officier, etc., ne l'est pas? N'est-il pas, comme eux, obligé de remplir ses fonctions en son âme et conscience, avec honneur et probité. Amovible, il peut être bon juge; inamovible, il peut se retrancher derrière cette position, se relâcher et devenir insouciant.

Toute personne en fonction, tant qu'elle remplit bien ses devoirs, doit être sacrée. Si elle y manque, la contravention doit être jugée, et le fonctionnaire jugé plus ou moins sévèrement, suivant le délit.

De la qualification des membres du pouvoir exécutif.

J'ai entendu des personnes repousser la qualification de premier, deuxième et troisième consuls, par le souvenir de l'issue du consulat et de la république. Croit-on que s'ils eussent été nommés président, vice-président et vice-président adjoint, le résultat eût été différent? Tout se serait passé de même.

Quel est ce préjugé contre la république? La première république était entourée de circonstances inhérentes à sa révolution, mais non à la république. Le sang qui a été versé est une tache de la révolution, attribuée faussement à la république.

Quel est le préjugé contre les clubs en général? C'est que des anciens clubs des hommes funestes sont sortis : s'ensuit-il que tous les clubistes fussent des hommes pervers? Non. Le principe des clubs est bon·

mais alors ils furent débordés par des ambitieux qui firent tout le mal. Condamnerions-nous les clubs d'aujourd'hui, parce qu'il s'y rencontre quelques orateurs exagérés qui produisent le mal en mettant tout en question?

Quel doit être le but des clubs? De se réunir pour délibérer sur les améliorations à introduire légalement dans la société; d'étudier toutes les questions et d'envoyer au pouvoir ces ébauches qui rendront le travail plus facile; **de relever fraternellement les fautes des administrateurs**; de se récrier contre toute injustice; d'appuyer toute réclamation juste et de rejeter celles qui ne sont pas motivées; de blâmer enfin toute calomnie dirigée contre les administrateurs, comme aussi, en cas de délit, de provoquer leur mise en jugement.

Une personne isolée, si fondée que soit sa demande ou ses plaintes, est peu écoutée sans protection : or la protection, comme on en usait naguère, était sœur de la corruption. Les clubs, comme nous les entendons, seraient les vrais censeurs et protecteurs publics.

Du Gouvernement provisoire.

Le gouvernement provisoire avait-il le droit de faire tout ce qu'il a fait depuis le 24 février?

Non. La révolution populaire a démoli la royauté : il s'est débarrassé d'un tuteur pour se gouverner lui-même.

Que devait faire le gouvernement provisoire?

Il n'avait le pouvoir exécutif que par intérim, et, n'étant pas pouvoir, il ne devait faire autre chose que de l'administration.

N'étant pas pouvoir, il ne peut faire des lois; et, s'il n'en peut faire, il ne peut non plus en abroger aucune. Reconnaissez-lui une fois le pouvoir législatif, il peut faire une loi qui le rende définitif, contrairement à l'autorité populaire, ce qui serait une usurpation.

Il n'est pouvoir qu'à la condition d'être intérimaire. Or, si un pouvoir exécutif définitif ne peut à lui seul faire une loi, comment pourrait en avoir le droit un gouvernement provisoire? Bien plus : supposons un instant qu'il ait pu faire une loi, a-t-il dû s'écarter des principes posés par les représentants du peuple et par le conseil d'Etat, lors de la discussion du code civil, article 2 : « La loi ne dispose que pour l'avenir; elle n'a point d'effet rétroactif. »

Qui l'a reconnu gouvernement provisoire? Une partie du peuple, qui lui a dit : Vous remplirez les fonctions de gouvernement jusqu'à ce que le peuple ait nommé des représentants chargés de former le gouvernement définitif. Tout ce qui dépasse cette limite est en contravention avec la légalité.

Une révolution n'est pas un chaos; c'est le déplacement violent d'un gouvernement jugé pour y en substituer un autre meilleur; s'il n'est pas meilleur, à quoi bon la révolution. Croit-on qu'il ne s'agisse que de déplacer pour replacer un autre? Sérieusement, il n'en peut être ainsi.

1789 et sa révolution ont été d'un grand effet, et, bien que la république nous ait échappé, nous n'avons pas tout perdu.

La révolution de 1830 eût dû être le complément de 1789 : le contraire est arrivé. On nous a escamoté

la république, la Fayette aidant ; bien plus, au lieu
d'avancer au progrès, au train dont nous allions, nous
retournions à grands pas à la barbarie du moyen âge.
Heureusement que le pouvoir étant enfin réellement le
choix du peuple, il devra marcher avec une bonne administration.

Que veut-on faire de la révolution de 1848 ? Une
révolution complète ; un adieu complet à la duperie.
Les clubs nationaux seront les sentinelles vigilantes
qui, le flambeau en main, indiqueront, même pendant
la nuit, le bon chemin aux voyageurs égarés, et les
défendront au besoin. C'est ce que nous nommerons
marcher dans la légalité.

Bref, le peuple se fait représenter par des manda-
taires ou députés, qui doivent être le véritable choix
du peuple, choix qui ne peut être éclairé que s'il est
fait en connaissance de cause. Enfin, l'on ne peut connaître les vrais méritants et capables que par l'élection
à plusieurs degrés, comme nous l'avons indiqué plus
haut, autrement l'élection est illusoire, par conséquent
illégale et contraire à la logique.

Si le gouvernement provisoire a fait des fautes, at-
tribuons-les à un excès de zèle, et non au désir de faire
de l'arbitraire euvers et contre tous ; n'y voyons que
l'intention trop hâtée de faire le bien pendant son pouvoir intérimaire, et de montrer sa bonne volonté. Bientôt le pouvoir définitif sera constitué, et nous verrons
se dérouler les vraies conséquences de la révolution de
1848. Soyons moins sévères, et, républicains, vivons
en frères. Ils sont nos aînés dans la république, il faut
les respecter, et, pour cela, leur continuer notre

confiance pour le bien qu'ils ont fait ou voulu faire.

On s'est récrié sur le jour choisi pour les élections des représentants. D'abord j'ai trouvé moi-même ce choix un peu hasardé ; après mûre réflexion, j'ai modifié mon opinion. Pâques est le jour de la résurrection du Christ. Le Christ n'est-il pas la première victime de l'amour de la liberté, de l'égalité et de la fraternité ? Je regarde donc ce choix comme heureux, comme l'anniversaire de la résurrection de ce bienfaisant principe. C'est donc le cas de célébrer ce jour par des actions de grâce et par de nobles efforts au retour de la vérité. Faisons des vœux pour que notre choix soit l'expression de tous et pour que les élus accomplissent dignement leur mandat.

Mettons en œuvre la devise : Liberté, égalité, fraternité, et opérons surtout dans la légalité. Tous libres, tous égaux, tous frères, éloignons la distinction entre nous ; laissons la nature agir, et que les sentinelles vigilantes n'oublient pas leur devoir, qu'elles gardent fidèlement leurs postes et ne laissent personne s'égarer.

Du Clergé.

Il est une réforme à introduire dans l'intérêt du clergé et de la société.

Le bas clergé est pauvre, et n'est pas assez rétribué par l'Etat pour vivre honorablement : il est obligé de se faire un supplément d'honoraires au moyen du casuel ; il faut qu'il tende la main, ce qui est avilissant pour lui.

Les prêtres ont fait des études, ils se sont soumis à

des sacrifices pour arriver où ils sont, et leur mission est pénible.

Pour trancher cette question, que le gouvernement leur donne un traitement qui leur permette de mener une existence honorable. L'on naît, l'on meurt, beaucoup se marient : ce sont des nécessités de la vie. Que l'Etat paye donc complétement les membres du clergé. La classe nécessiteuse y gagnera, et rien n'empêche les plus fortunés de faire des actes volontaires de générosité. Mais il doit être défendu à l'Eglise de bénificier pour ses services. Napoléon pensait ainsi et l'exprimait, lorsqu'il mourait à Sainte-Hélène, victime de l'oligarchie égoïste de l'Angleterre.

De l'Armée.

L'armée doit-elle voter dans les élections?

Non. La raison le défend, car on ne peut voter ni par procuration, ni par lettre : le soldat, d'ailleurs, connaît-il ceux à qui il donnera sa voix, à moins qu'il ne choisisse dans son régiment ?

L'armée est considérée comme absente, elle ne peut voter : ceux qui sont présents soutiennent ses intérêts.

Le gouvernement est le pouvoir élu par le peuple, et l'armée est la force exécutive du pouvoir ; mais elle ne doit être pour rien dans l'élection, et laisser faire le peuple dont elle sort. Une armée délibérante serait maîtresse absolue et pourrait tout anéantir. Si une armée de 400,000 hommes venait attaquer Paris ou quelque grande ville, elle l'aurait bientôt réduite en cendres. L'armée doit dépendre du pouvoir fondé par le peuple, mais le pouvoir ne doit nullement dépendre de l'armée.

Travail le plus pressé.

La république une fois acceptée par les Français, il ne faut plus s'occuper que d'en tirer la conséquence, faire mieux que le gouvernement déchu. La grande famille doit commencer par bien s'entendre et occuper chacun suivant sa capacité, seul moyen de tranquillité : c'est en se respectant soi-même qu'on est respecté par les autres.

Etablissons bien les chefs de la grande famille, et sa vaste administration en toute partie, pour que chacun soit vu à sa besogne. Cette organisation établie, utilisons le sol le mieux possible au moyen de l'agriculture intelligemment encouragée. C'est par là seulement que la population aura sa subsistance et pourra se passer des secours de l'étranger.

Ne croyons pas que les comices et sociétés d'agriculture, tels qu'ils existent, soient la vraie représentation agricole. Non : ce n'est qu'une organisation philanthropique, croyant faire le bien et ne produisant que le mal ; on ne s'appuie là que sur un bâton rompu. Tous les membres sont théoriciens et non praticiens ; ce sont tous des amateurs agronomes seulement.

Une vraie représentation agricole s'obtiendra par élection dans le corps entier des cultivateurs praticiens et théoriciens dans toutes les localités, avec un comice par canton, une société centrale par département, et une société centrale générale à Paris : hiérarchie à trois degrés, qui donnera de l'unité et de la force au progrès. La société centrale générale pourra être le vrai et utile conseil du ministre de l'agriculture.

Si nous parvenons à établir l'organisation du travail, chaque ouvrier trouvera de l'ouvrage, soit dans l'agriculture, soit dans toute autre partie ; il vivra heureux et tranquille.

Tout bien organisé dans le sein de la grande famille, ses membres iront offrir la main à nos voisins, qui, sans crainte, viendront aussi nous visiter. De peuple à peuple, se formeront jusqu'aux extrémités du monde, d'amicales relations. Mais commençons par nous organiser nous-mêmes avant de songer aux autres, ou ils pourraient nous dire avec reproche : Vous qui ne savez pas faire vos propres affaires, comment osez-vous donner des conseils aux autres ?

Choix des députés à l'assemblée constituante en chaque département.

Pour que chaque département soit bien représenté à la constituante d'abord, et ensuite au corps législatif, il est indispensable que les électeurs fassent un choix intelligent dans le nombre des candidats à la députation. Il faut que le choix soit fait parmi eux tous avec un entendement tel, qu'il y en ait toujours qui puissent soutenir les intérêts de leur département, n'importe dans quelle branche de l'administration, soit justice, cultes, intérieur, affaires étrangères, travaux publics, instruction publique, finances, commerce, guerre, marine ou agriculture. Tous ensemble soutiendront les intérêts du pays dans chaque partie ; mais il est important qu'on ait choisi autant que possible des gens capables en toute spécialité. Ainsi, pour l'armée et la marine, il est bon de prendre, soit dans l'armée active ou les anciens militaires, soit dans le sein de la marine ou parmi les anciens marins, des députés capables, enfants du département. Je dis enfants du département, mais par préférence seulement, et sans exclusion des hommes capables des autres départements, puisque tous sont frères de loin comme de près : l'important est que les élus remplissent bien leur mandat. Il est bien entendu que pour les travaux publics surtout, il ne faut pas négliger les ouvriers ; car l'on ne connaît jamais rien mieux que ce que l'on fait soi-même. Dans les clubs de Paris, nous avons entendu plusieurs ouvriers raisonner avec un bon sens tel, avec une si étonnante facilité, que nous devons être convaincu qu'ils sauront très-bien, à la chambre des représentants, soutenir leurs intérêts et ceux de tous. Il faut éviter d'envoyer à la chambre trop d'hommes très-âgés : que les votes se portent de préférence sur des citoyens dans la vigueur de l'âge ; faire autrement, c'est rester dans le statu quo.